자랑스러운 우리의 글자,
한글을 만든 세종대왕의 흔적을 따라가 보아요.

나의 첫 역사책 13

조선을 빛낸
세종대왕

이현 글 | 안재선 그림

조선은 이제 막 생겨났어요.
이사 온 날처럼 모든 것이 뒤죽박죽이었지요.
그러다 태조 이성계의 아들들이 왕위를 두고 다투었어요.
서로 목숨을 빼앗는 일까지 생겼어요.
그 충격에 태조는 아들에게 왕위를 넘기고 물러났어요.
태조의 딸 경순 공주도 부처님을 모시는 승려가 되었습니다.

이성계의 다섯 번째 아들 이방원이 조선의 세 번째 왕, 태종이 되었어요.
태종에게는 네 명의 왕자가 있었어요.
양녕, 효령, 충녕, 성녕 대군이었어요.

"앞으로는 왕위를 다투어 형제끼리 해치는 일은 없어야 한다!"

태종은 그렇게 다짐하고 일찌감치 첫째 왕자 양녕을 세자로 삼았습니다.
다음 왕으로 정해 둔 거지요.
다른 왕자들도 태종의 뜻에 잘 따랐어요.

둘째 왕자 효령은 마음씨가 선했고, 넷째 성녕은 귀여운 막내였어요.
그리고 셋째 충녕은 생각이 어른스럽고 행동이 차분했어요.
특히 책 읽기를 무척 좋아했어요.
자나 깨나 책을 읽는 왕자였지요.

그런데 세자 양녕은 사냥을 즐기고 놀기만 좋아했어요.
태종은 세자 때문에 큰 걱정이었습니다.
좋지 않은 소식이 자꾸 들려왔어요.

"양녕이 또 공부할 시간에 사라졌단 말이냐?"
"뭐라고? 몰래 궁궐을 빠져나갔다고? 술을 마시러 갔다고?"
"죄 없는 사람을 때렸단 말이냐?"
"수상한 자들을 궁궐로 불러들였다고?"

보통 아들이라면 꾸짖고 넘어갈 일이었을지도 몰라요.
하지만 양녕은 세자였어요. 다음으로 왕이 될 사람이었어요.
멋대로 행동하는 사람에게 나라를 맡길 수는 없는 일이지요.
태종은 눈물을 머금고 마음을 정했어요.

"세자 양녕을 폐하고 충녕 대군을 세자로 삼겠다!"

그리하여 지혜롭고 신중하며 마음 따듯한 셋째 충녕 대군이
조선의 네 번째 왕, 세종이 되었습니다.

세종은 아버지와 전혀 달랐어요.
조선의 어떤 왕들과도 달랐지요.
조선에서 으뜸가는 학문인 유학은 물론이고,
과학, 음악, 지리, 역사까지 스스로 공부했어요.
자나 깨나 책을 손에서 놓지 않았어요.
세종은 경연 시간도 반갑게 맞이했어요.

"오! 경연이구나! 경연 시간이 돌아왔어!"

경연이란 학문이 높은 신하들과 왕이 함께 공부하는 자리예요.
대부분의 왕들은 경연을 별로 좋아하지 않았어요.
포악한 왕들은 신하들을 윽박질러 경연을 없애기도 했지요.
하지만 세종은 책벌레, 공붓벌레였어요.
어찌나 많은 책을 읽었는지 모르는 게 없었어요.
왕의 어려운 질문에 신하들이 답을 몰라 쩔쩔매는 일도 많았어요.

세종은 도서관이던 집현전으로 학자들을 불러 모았어요.

"집현전에서 마음껏 공부하도록 하라. 조선을 위해 지혜를 모으라."

조선 최고의 공붓벌레들이 집현전에서 지혜를 모으고,
책벌레 왕이 집현전을 이끌었어요.
자랑스러운 조선의 책들이 차례로 탄생했습니다.
고려 역사를 139권에 담은 《고려사》, 농사짓는 법을 정리한 《농사직설》,
조선의 의학 기술을 담은 《향약집성방》,
조선의 별자리를 연구해서 정리한 《칠정산》이라는 책도 있었어요.

별자리를 연구하려면, 밤하늘을 관측할 기구가 필요했어요.
때마침 반가운 소식이 들려왔어요.
장영실이라는 사람이 기구를 만드는 솜씨가 뛰어나다는 거였어요.
그런데 신하들이 반대했어요.

"아니 되옵니다. 장영실은 천한 노비의 자식이옵니다."

조선은 신분에 따라 사람을 차별하는 세상이었어요.
노비의 자식은 노비가 되어야 했고, 사람대접도 제대로 못 받았어요.
왕의 곁에서 일을 하는 건 꿈도 꾸지 못할 일이었지요.
하지만 세종은 달랐어요.

"신분이 무슨 상관이란 말인가?
장영실은 나라를 위해 중요한 일을 할 재주를 지녔다!
마땅히 일할 기회를 주어야 한다."

천재 과학자 장영실은 세종의 신하가 되었습니다.
별을 관찰하는 기구들을 만들고,
물시계, 해시계도 만들었어요.
조선 최고의 과학자로 많은 일을 해냈어요.

고려가 망하고 조선이 생겨나는 동안 좋은 음악을 듣기 어려워졌어요.
악기들은 망가졌고, 고려의 음악들이 제대로 전해지지도 못했어요.
세종은 천재 음악가 박연에게 '편경'이라는 악기를 만들게 했어요.
중국의 악기를 따라 한 것이 아니라 조선의 악기를 새로 만든 거였지요.
마침내 편경으로 연주하는 음악이 궁궐에 울려 퍼졌어요.
그런데 세종이 말했어요.

"훌륭하도다! 소리가 무척 맑구나. 다만 경돌 하나의 소리가 약간 높다."

오직 세종만 소리의 차이를 알아챈 거지요.
세종은 음악에도 뛰어났어요.
'보태평'과 '정대업'이라는 곡을 짓기도 했는데,
그 노래들은 오늘날까지도 종묘˙에서 연주되곤 한답니다.

● 종묘 조선 시대 때 역대 임금과 왕비에게 제사를 드리는 왕실의 사당.

그런데 남쪽에서 나쁜 소식이 들려왔어요.

쓰시마섬에 사는 왜구가 쳐들어왔어요. 식량을 빼앗고 마을을 불살랐지요.

사람들을 해치기도 하고 노예로 잡아가기도 했어요.

한두 번이 아니었어요.

세종은 왜구를 뿌리 뽑기로 했습니다.

2만 명에 가까운 조선군이 227척의 배를 타고 바다를 건넜어요.

● **왜구** 일본의 해적.

"조, 조, 조선군이다!"
"도망쳐! 도망쳐라! 도망쳐야 한다!"

왜구들은 허둥지둥 산속으로 도망쳤어요.
조선군은 왜구들의 배를 모두 불살랐어요.
왜구에게 잡혀갔던 조선인과 중국인들을 구출해서 돌아왔어요.
그때부터 백 년 동안 왜구는 감히 조선을 넘보지 못했습니다.

북쪽도 조용하지 않았어요.
압록강과 두만강 근처에는 여진족이 살았어요.
여진족들은 식량이 떨어지면 조선인의 마을을 공격하곤 했지요.
식량과 가축을 빼앗고 사람들을 해치곤 했어요.
세종이 명했어요.

"최윤덕은 나아가 북쪽의 적들을 물리쳐라!"
"김종서는 조선의 북쪽을 평화롭게 하라."

최윤덕 장군은 1만 5000명의 군사를 이끌고 여진족을 멀리 내쫓았어요.
김종서 장군은 두만강을 따라 높은 성을 쌓았어요.
군사들이 굳게 성을 지키게 하고,
멀리서 백성들을 데려와 마을을 이루었어요.

백두산을 따라 흐르는 압록강과 두만강이 조선의 울타리가 되었습니다.

명나라도 조선의 골칫거리였어요.

중국을 차지한 명나라는 조선을 신하처럼 대하며 온갖 요구를 했어요.

"황제의 명이니 조선 왕은 들으시오!

황제께 선물을 바치시오! 금, 은, 비단, 도자기, 종이, 인삼······."

명나라는 조선의 매를 요구하는가 하면,

전쟁 준비를 한다며 수백 마리의 말을 요구하기도 했어요.

심지어 조선의 처녀들도 바치라고 했어요.

부모들은 딸을 중국에 빼앗길까 두려워 딸의 나이를 속이거나

일찌감치 결혼을 시키기도 했어요.

명나라 사신들이 찾아오면 날마다 잔치를 열어 주고, 온갖 선물을 안겨야 했어요.

조선은 아무 말도 못 하고 명나라의 비위를 맞춰야 했습니다.

하지만 조선은 어엿한 조선 사람의 나라였어요.
세종은 조선의 왕이었습니다.

"조선과 중국의 하늘이 같지 않다!"

세종은 조선의 것을 만들기 위해 힘썼어요.
조선의 음악, 조선의 달력, 조선의 농사…….
그리고 조선의 글자까지 꿈꾸게 되었어요.

"우리는 중국의 글자인 한자를 빌려서 쓰고 있는데, 이는 여러모로 문제가 많다.
첫째, 우리말을 제대로 옮겨 적을 수 없고,
둘째, 배우는 데 시간이 많이 걸리니 백성들은 한자를 익힐 수가 없다.
셋째, 한자를 읽는 소리도 저마다 달라서 이 또한 문제이고……."

세종은 불평만 하고 있지 않았어요.
누구도 상상하지 못할 큰 꿈을 꾸었습니다.

"그렇다면 우리의 글자를 만들어야겠구나."

세종은 우리의 글자, '한글'을 만들었습니다.
ㄱ, ㄴ, ㄷ, ㄹ, ㅁ, ㅂ, ㅅ, ㅿ, ㅇ, ㆆ, ㆁ, ㅈ, ㅊ, ㅋ, ㅌ, ㅍ, ㅎ으로 자음 17자와
ㅏ, ㅑ, ㅓ, ㅕ, ㅗ, ㅛ, ㅜ, ㅠ, ㅡ, ㅣ, ㆍ로 모음 11자를 더해
단 스물여덟 글자로 세상의 모든 소리를 표현할 수 있는 글자를 만든 거예요.
그리고 《훈민정음》이라는 책에 한글에 대한 생각을 담았어요.

"우리나라 말은 중국 말과 달라서 한자로는 그 뜻을 제대로 나타낼 수가 없다.
그러니 하고 싶은 말이 있어도 제대로 글로 써서 표현하지 못하는 백성들이 많다.
내가 이를 안타깝게 여겨서 새로 스물여덟 글자를 만들어 내어놓으니,
모든 사람들이 이것을 쉽게 익혀서 날마다 쓰는 데 불편함이 없도록 하면 좋겠다."

한글은 쉬워요.

모두 스물네 글자만 배우면 되지요.

처음 훈민정음에는 스물여덟 글자가 있었지만

·(아래아), ㅿ(반시옷), ㆁ(옛이응), ㆆ(여린히읗)은 이제 쓰지 않게 되었거든요.

한글은 어린이들도 쉽게 배울 수 있고, 어른들은 하루 만에 배우기도 해요.

한국말을 하나도 못 해도 한글을 읽는 법은 금세 배울 수 있어요.

한글은 무엇이든 표현할 수 있어요.
소리를 그대로 쓰는 글자이기 때문이지요.
바람 소리, 학 울음소리, 닭 울음소리, 개 짖는 소리…….
외계인의 노랫소리도 받아 적을 수 있을 거예요.

지구에는 수많은 글자가 있지만,
그건 예부터 조상들이 조금씩 만들어 온 글자들이에요.
그런데 한글은 한 사람, 세종이 만들었어요.
집현전 학사들도 세종을 도왔어요.
세자와 왕자들 그리고 정의 공주도 함께 도왔다고 해요.

처음에는 한글을 반대하는 신하들도 있었어요.

"아니 되옵니다! 우리 조선은 예부터 중국의 문화를 따라왔는데
어찌하여 오랑캐처럼 따로 글자를 가지려는 것이옵니까?
어찌하여 쓸모도 없는 글자를 만든단 말이옵니까?"

오랑캐란 중국이 아닌 나라를 깔보는 말이었어요.
양반들은 한자를 쓴다고 해서
자신이 마치 중국 사람인 것처럼 굴면서
한자를 모르는 조선의 백성들까지 깔보았던 거예요.

"대체 어리석은 백성들이 글을 배워서 뭐 한담?"
"한글 따위로 글자를 안답시고 건방지게 굴면 큰일이지!"

그래도 세종은 뜻을 굽히지 않았어요.
한글로 글을 지어 책을 내게 하고, 한글을 널리 알렸어요.
한글은 백성들 사이로 퍼져 나갔어요.

하지만 백성들은 한글을 배울 시간도 없었을 거예요.

하루하루 먹고살기도 힘들었거든요.

열심히 일해도 땅을 빌린 값에 세금을 내고 나면 늘 가난했어요.

도적 떼도 날뛰었어요.

명나라의 요구에 따라 매를 잡으랴, 처녀를 바치랴, 말을 끌고 가랴 힘들었지요.

성을 쌓거나 궁궐을 짓는 일에 끌려가기도 하고,

북쪽의 빈 땅에 살아야 한다며 강제로 이사를 가게 된 사람들도 많았어요.

조선은 왕과 양반을 위한 나라였어요.

그래도 세종은 백성을 아끼는 왕이었습니다.
아이를 낳으면 노비에게도 석 달 동안 휴가를 주었어요.
엄마는 물론, 아빠도 한 달 동안 쉬면서 아이를 함께 돌보도록 했지요.
죄를 지어도 되도록 처벌을 가볍게 하도록 했어요.
목숨을 빼앗는 일은 왕이 직접 살피도록 했고요.

세종대왕.
사람들은 세종을 '대왕'이라고 부릅니다.
세종은 우리 역사에서 가장 존경받는 사람이에요.
위대한 왕입니다.

지금 우리가 글자를 쓰고 읽으며 뜻을 나누는 순간,
세종대왕의 위대한 꿈이 이루어지고 있습니다.

나의 첫 역사 여행

세종대왕을 따라

훈민정음

세종대왕은 《훈민정음》이라는 책에
한글에 대해 자세한 설명을 남겼어요.
그중 한글을 읽고 쓰는 방법을 설명해 둔 '해례본'을
간송 미술관에서 보관하고 있어요.
'어디 책이 잘 만들어졌나 보자.' 하면서,
세종대왕이 직접 읽었던 책일지도 몰라요.
귀한 유물이라 평소에는 수장고에 보관하지만
가끔 전시회가 열리기도 해요.

간송 미술관 ▼ www.kansong.org

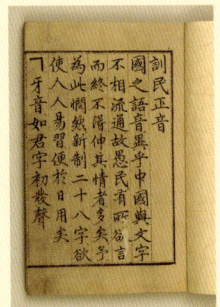
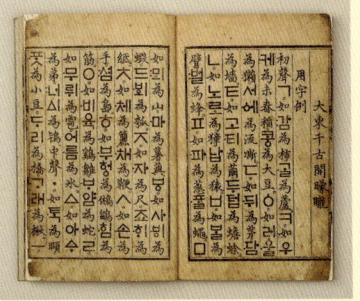

《훈민정음》

초정리

과학, 역사, 음악 그리고 한글 창제까지······.
쉬지 않고 일하던 세종대왕은 이따금 온천에서
한가한 시간을 가졌다고 해요.
특히 탄산수로 유명한 초정리에서는
무려 123일 동안 머물면서 눈병을 고쳤다고 해요.
지금의 충청북도 청주시에서는 해마다 5월이면
초정 약수 축제에서 세종대왕의 행렬을
재현하고 있답니다.

청주시 문화 관광 ▼ www.cheongju.go.kr/ktour/index.do

국립 한글 박물관

국립 한글 박물관

한글날에 맞추어 2014년 10월 9일에 개관한 국립 한글 박물관은
이름 그대로 한글의 모든 것을 소개하는 곳이에요.
한글의 탄생부터 한글이 널리 퍼지는 과정까지,
그리고 한글 사용이 금지되었던 일제 강점기에 한글을 지키고자
노력했던 선조들의 모습까지 한눈에 볼 수 있어요.
사라진 옛말과 북한의 말을 배우는 재미도 느낄 수 있어요.

국립 한글 박물관 ▼   www.hangeul.go.kr

영릉

세종대왕 유적관리소 ▼   http://sejong.cha.go.kr
세종대왕역사문화관 ▼

경기도 여주의 영릉

세종대왕은 소헌 왕후와 함께 영릉에 잠들어 있지요.
세종대왕은 지금의 우리를 지켜보며 무슨 생각을 할까요?
모두가 한글을 마음껏 읽고 쓰는 세상을
흐뭇하게 바라보고 있을 것 같아요.
한글로 곱게 쓴 편지를 들고 영릉을 찾아가 보면 어떨까요?

영릉의 세종대왕 전시관

우리의 자랑스러운 한글

한글은 지구상에서 가장 배우기 쉬운 글자 중 하나예요.
14개의 자음과 10개의 모음만으로 거의 모든 소리를 옮겨 적을 수 있어요.
덕분에 우리는 글자를 모르는 사람이 거의 없는 나라가 되었지요.
이런 한글의 뜻을 기려 유네스코에서는 '세종대왕 문해상'을 만들었어요.
글자를 모르는 사람이 없도록 노력한 사람에게 주는 상에 세종대왕의 이름을 붙인 거지요.

광화문 광장의 세종대왕 동상

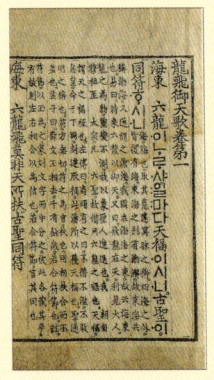 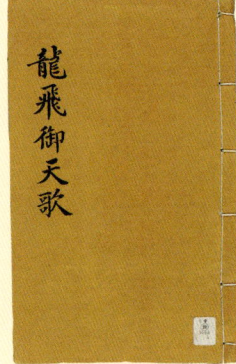

훈민정음을 처음 사용한 《용비어천가》

한글은 우리나라만이 아니라 먼 나라에서도 글자로 쓰이고 있어요.
인도네시아의 소수 민족인 찌아찌아족은 고유 문자가 없어서
한글을 글자로 삼아 그들의 말을 소리 나는 대로 표기하고 있어요.
모든 사람이 생각을 글로 쓸 수 있기 바라는 세종대왕의 꿈이
한국을 넘어 바다 저편까지 펼쳐지고 있어요.

한글을 배우는 찌아찌아족 학생

찌아찌아족 마을의 한글 표지판

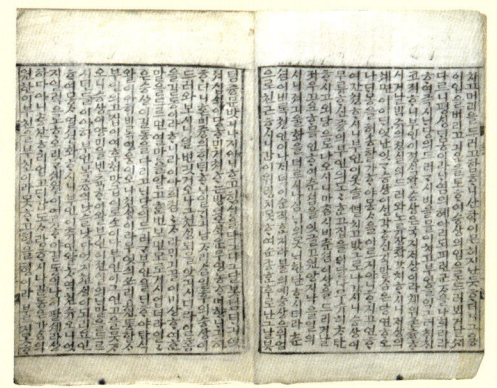
오늘날까지 사랑받는 한글 소설 《홍길동전》

글 이현

세상 모든 것의 이야기가 궁금한 동화작가입니다. 우리나라 곳곳에 깃든 이야기를 찾아 어린이들의 첫 번째 역사책을 쓰고 있습니다. 그동안 《짜장면 불어요》, 《로봇의 별》, 《악당의 무게》, 《푸른 사자 와니니》, 《플레이 볼》, 《일곱 개의 화살》, 《조막만 한 조막이》, 《내가 하고 싶은 일, 작가》 등을 썼습니다. 제13회 전태일 문학상, 제10회 창비좋은어린이책 공모 대상, 제2회 창원아동문학상 등을 받았습니다.

그림 안재선

옛이야기들과 오래된 것들은 지금과도 이어져 있다고 생각합니다. 그것들을 잘 전달하는 그림을 그리려고 노력하고 있으며, 2014년과 2017년에 볼로냐 국제아동도서전에서 '올해의 일러스트레이터'로 선정되었습니다. 쓰고 그린 책으로 《삼거리 양복점》이 있고, 그린 책으로 《산신령 학교》, 《새 나라의 어린이》, 《비밀 지도》, 《철의 나라 가야》, 《나의 아시아 친구들》 등이 있습니다.

나의 첫 역사책 13 — 조선을 빛낸 세종대왕

1판 1쇄 발행일 2020년 1월 30일 | 1판 13쇄 발행일 2025년 10월 13일
글 이현 | **그림** 안재선 | **발행인** 김학원 | **기획** 이주은 박현혜 | **표지·본문 디자인** 유주현 한예슬
저자·독자 서비스 humanist@humanistbooks.com | **스캔** (주)로얄프로세스 | **용지** 화인페이퍼 | **인쇄** 삼조인쇄 | **제본** 제이엠플러스 | **사진 제공** 문화재청 한국관광공사
발행처 휴먼어린이 | **출판등록** 제313-2006-000161호(2006년 7월 31일) | **주소** (03991) 서울시 마포구 동교로23길 76(연남동)
전화 02-335-4422 | **팩스** 02-334-3427 | **홈페이지** www.humanistbooks.com

글 ⓒ 이현, 2020 그림 ⓒ 안재선, 2020
ISBN 978-89-6591-381-8 74910
ISBN 978-89-6591-332-0 74910(세트)

- 이 책은 저작권법에 따라 보호받는 저작물이므로 무단 전재와 무단 복제를 금합니다.
- 이 책의 전부 또는 일부를 이용하려면 반드시 저작권자와 휴먼어린이 출판사의 동의를 받아야 합니다.
- **사용연령 6세 이상** 종이에 베이거나 긁히지 않도록 조심하세요. 책 모서리가 날카로우니 던지거나 떨어뜨리지 마세요.